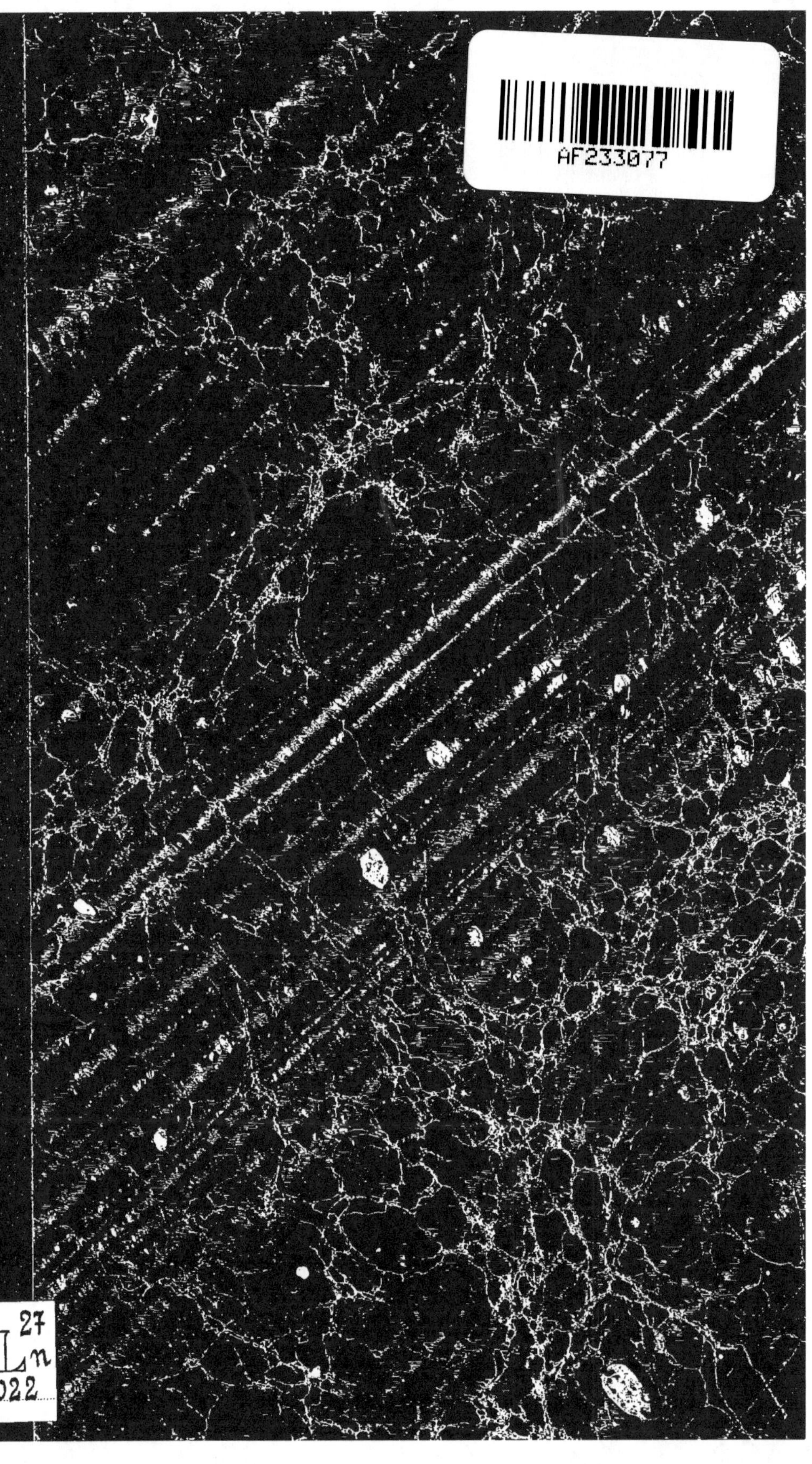

HENRY JOUIN

LA MARQUISE

DU PLESSIS - BELLIÈRE

NÉE SUZANNE DE BRUC

(1605-1705)

SON PORTRAIT PEINT EN ARTÉMISE

Tiré à Cinquante Exemplaires

NON MIS DANS LE COMMERCE

PARIS

AUX BUREAUX DE *L'ARTISTE*

44, QUAI DES ORFÈVRES, 44

1891

DU PLESSIS-BELLIÈRE

HENRY JOUIN

LA MARQUISE

DU PLESSIS - BELLIÈRE

NÉE SUZANNE DE BRUC

(1605-1705)

SON PORTRAIT PEINT EN *ARTÉMISE*

Tiré à Cinquante Exemplaires

NON MIS DANS LE COMMERCE

PARIS

AUX BUREAUX DE *L'ARTISTE*

44, QUAI DES ORFÈVRES, 44

1891

DU PLESSIS-BELLIÈRE

A MARQUISE DU PLESSIS-BELLIÈRE, née Suzanne de Bruc, appartient à cette élite brillante qui se distingue au lendemain de la Fronde par l'esprit, le tact, les mœurs polies, le faste opulent ou sévère. L'atmosphère tempérée qui règne sur Paris et la cour durant les dernières années de Mazarin devenu le maître des factions, le pacificateur habile d'un grand État, présage le règne de Louis XIV. Pas un nom qui n'ait son prestige dans les lettres, les salons, la diplomatie, la finance ou l'armée. On dirait d'un royal cortège précédant le jeune prince qui demain prendra les rênes et sera l'arbitre des destinées de la France. Heure glorieuse et courte où les passions politiques contenues, mais non pas éteintes, se font jour sous la plume indépendante des acteurs du drame. Il semble qu'on ait conscience du caractère instable de cette période transitoire. On se hâte d'écrire ou de parler. Un roi de dix-sept ans n'est-il pas entré la veille en habit de chasse et le fouet à la main chez messieurs du Parlement ? Le peuple pressent un monarque. Les grands redoutent un maître. L'Europe un conquérant. C'est l'instant où Mme de Motteville trace d'une main négligente ses *Mémoires pour servir à l'histoire d'Anne d'Autriche*, consacrant à ce labeur honnête « les heures que les dames ont accoutumé d'employer au jeu et aux promenades. » Mademoiselle, petite-fille de Henri IV, Mademoiselle d'Eu, de Dombes, d'Orléans, de Montpensier ou, pour mieux dire, la Grande Mademoiselle, trompe l'ennui de sa retraite de Saint-Fargeau par la rédaction de ses Souvenirs en attendant que Lauzun, capitaine des gardes du corps, simple cadet de Gascogne, fixe l'esprit flottant et le cœur ambitieux de la fille de Gaston. François de Paule de Clermont, marquis de Montglat, dont la gloire demeure obscurcie par le renom fâcheux de sa femme, Cécile Hurault de Cheverny, réfute sans les connaître les Mémoires du cardinal de Retz. Où Montglat raconte avec ordre et sans passion les faits dont il fut témoin, Retz que tourmente un perpétuel besoin d'ostentation amplifie ou dénature. On s'entretient à Paris d'Anne-Geneviève de Bourbon, duchesse de Longueville, que les vicissitudes d'une existence agitée emportent successivement à Montreuil-Bellay, à Moulins, à Bourges, à Bordeaux, en Normandie. La belle-fille de Mme de Longueville épouse inopinément, et les yeux pleins de larmes, Henri II de Savoie, duc de Nemours, prince maladif et sans fortune dont elle portera le deuil deux ans plus tard. Un autre Nemours, Charles-Amédée, frère du mari de Mlle de Longueville, tombe percé de trois balles dans un duel avec son beau-frère, le duc de Beaufort, et lorsqu'on entre dans le détail de ce combat fratricide, on amnistie le vainqueur en disant : « Pauvre Beaufort ! » Le duc de La Rochefoucauld désabusé, sceptique, consulte Mme de Sablé sur ses propres écrits. Déjà s'impriment clandestinement à Cologne les Mémoires de cet homme indécis et hautain, toujours chagrin, aisément injuste à l'égard d'autrui. Mme de La Fayette, qui pourra dire un jour en parlant de La Rochefoucauld : « Il m'a donné de l'esprit, mais j'ai réformé son cœur », occupe ses journées à lire Horace, Virgile et Montaigne dont elle se sépare de temps à autre pour écrire son premier livre : *La Princesse de Montpensier*. Corneille se recueille et va traduire en vers l'*Imitation*. Molière est à Lyon où il fait applaudir l'*Étourdi*, à Montpellier où il joue le *Dépit amoureux*, à Rouen, chez Pierre Corneille, et demain nous le verrons au Louvre, interprétant la tragédie de *Nicomède* devant la cour. Le privilège du Roi est d'ailleurs imminent. Molière va voir les portes du théâtre du Petit-Bourbon s'ouvrir devant lui et ses camarades enrôlés sous le titre de

Troupe de Monsieur. Gilles Boileau, le cardinal d'Estrées, La Mesnardière, de Beaumont, Coislin entrent à l'Académie française. Pascal médite d'écrire une *Apologie de la Religion*, et ses notes, ses aperçus formeront tantôt le livre des *Pensées*. La Fontaine publie sa traduction de l'*Eunuque* de Térence ; il présente à Fouquet le poème d'*Adonis*, bientôt suivi du *Songe de Vaux* et de l'*Épître à Pellisson*. Le Sueur descend dans la tombe. Swanevelt, Girardon, Gaspard Marsy, Regnauldin, François Le Maire sont nommés de l'Académie de peinture. Scarron, difforme d'esprit et de corps, mais toujours enjoué, se presse de mourir avec à-propos afin de permettre à sa femme, Françoise d'Aubigné d'aspirer à la main du Roi. Turenne inflige à Condé la défaite des Dunes. Vincent de Paul alimente la Picardie et la Champagne des aumônes qu'il recueille au prix de sollicitations sans nombre et d'efforts surhumains. Le maire de Saint-Quentin, dans sa gratitude, salue « Monsieur Vincent » du titre de « Père de la Patrie. » Henri II de Lorraine, cinquième duc de Guise, dont Tallemant a dit : « Il a de l'esprit, de la générosité, du cœur ; c'est dommage qu'il est fou », rêve pour la seconde fois de monter sur le trône de Naples. Mazarin lui donne une flotte. Il part de Toulon, aborde à Castellamare au pied du Vésuve et s'empare de cette ville. Succès illusoire et de brève durée. Chassé du territoire napolitain, Guise revient à la cour occuper la charge de grand chambellan qui lui permettra de parader à l'aise et non sans grâce aux courses de bague et dans les carrousels en l'honneur de Louis XIV.

L'une des premières victimes de l'équipée militaire du duc de Guise sur les plages de Castellamare avait été le général Jacques de Rougé, marquis du Plessis-Bellière.

Sa veuve, Suzanne de Bruc, habite son château de Charenton quand elle n'est pas à Saint-Mandé, à Vaux-le-Vicomte ou dans l'hôtel de la rue Croix-des-Petits-Champs, à Paris, en confidence avec Fouquet.

Qu'était-il Fouquet, à la veille de la paix des Pyrénées ? Tout le monde répondra par son titre de Surintendant des Finances. Soit. C'est bien ainsi qu'on le qualifie. Mais on n'a pas tout dit lorsqu'on a rappelé ce titre. Servien n'était-il pas aussi Surintendant ? Mazarin, l'astuce faite homme, mettant partout en pratique la devise « Diviser pour régner », avait fait deux émules, deux rivaux de Servien et de Fouquet en leur donnant des fonctions égales. Tant vaut l'homme,

tant vaut la charge. On ne se souvient guère que Servien fut le col-
lègue de Fouquet et partagea la haute direction des Finances avec le
procureur général au Parlement de Paris. Dès la première heure de
cette collaboration difficile, Fouquet l'emporte et se montre. Les
hommes supérieurs ne connaissent point le niveau. Rappelons-nous
l'institution du Consulat. Il y eut un jour, de par le conseil des Cinq-
Cents uni au conseil des Anciens, trois consuls. On avait le droit
d'espérer que ces trois hommes, semblables par les attributions, ne
connaîtraient point de maître. Le lendemain il y avait en puissance
un Premier Consul. De même y eut-il sous Mazarin un Premier
Surintentendant des Finances, et ce fut Nicolas Fouquet.

A vrai dire, les circonstances, non moins que ses rares apti-
tudes et son ambition, aidèrent Fouquet à éclipser Servien. Les
dernières années de Mazarin furent des temps de guerre et de
dépenses écrasantes. D'autre part le Trésor était sans réserves ; la
confiance avait disparu. Prêter à la Couronne paraissait un risque.
Les bourses ne s'ouvraient pas volontiers. Comment relever le crédit
du Roi ?

Mazarin met Fouquet à l'épreuve. Un certain jour il lui envoie de
La Fère une demande urgente de subsides. Fouquet s'ingénie, se
dévoue, engage ses propres biens, ceux de ses proches et trouve en
moins d'une semaine 900,000 livres bien sonnantes qu'il expédie
sans retard au cardinal. Et celui-ci de le remercier en son nom
d'abord, puis au nom de Louis XIV et d'Anne d'Autriche qui tous
deux sont tombés d'accord que Fouquet est « plein d'un zèle très
effectif et qu'on fait cas d'un ami tel que lui ». Leurs Majestés, écrit
encore Mazarin, conserveront le souvenir de l'effort que vient de faire
le Surintendant et du succès qui l'a suivi. Le cardinal est en veine
d'éloquence et de bonhomie lorsqu'il trace cette lettre. Mais Fouquet
le sait âpre au gain, rusé, dissimulé. Ce grand ministre n'a rien du
Français. Son caractère fait ombre à son génie. Aussi, combien de
missives pleines d'amertume et de colères on pourrait opposer à la
noble dépêche datée de La Fère ! L'impatience du cardinal éclate
lorsque le Surintendant aux abois tarde de quelques jours à lui sol-
der une dette au compte de l'État. Son avarice ne sait pas attendre. Il
menace, il trahit. En présence d'un pareil homme, que Colbert excite
à renverser le Surintendant, Fouquet se tient sur ses gardes. Son

rêve est de ne pas descendre du pouvoir et d'accroître encore son influence. Déjà Servien est mort et la surintendance ne compte plus qu'un titulaire. Mazarin se fait vieux. Pourquoi Fouquet, successeur de Servien, ne serait-il pas un jour le successeur du cardinal? Pourquoi? L'écureuil infatigable et nerveux qui toujours garde une attitude verticale sur les armoiries du Surintendant est l'emblème du triomphe. *Quo non ascendet?*

N'en doutons pas, Fouquet vise haut et loin. Pour atteindre à son but il veille à tout. Il a ses amis, ses serviteurs, ses affidés, ses confidents. Laforêt, le domestique dévoué, Gourville le secrétaire avisé, l'homme de ressources, Mlle de Trécesson à la cour de Savoie, Mme du Plessis-Bellière à Paris, apportent, à des degrés différents, l'utile concours de leurs découvertes au Surintendant. Mlle de Trécesson, nièce de Mme du Plessis-Bellière, adresse à sa tante des dépêches chiffrées. Fouquet a des intelligences près du ministre, près de la reine mère, près du Roi. Mais, à la distance où nous sommes des événements, Mme du Plessis-Bellière apparaît comme la plus active et la plus appréciée des conseillères du Surintendant.

Nous n'ignorons pas que la malveillance a dénaturé les relations de Fouquet et de Mme du Plessis-Bellière. Mais, à notre avis, la veuve du général tué à Castellamare a droit à un absolu respect. Elle a été auprès de l'homme d'État que Colbert allait supplanter, une sorte de diplomate adroit et sûr, un émissaire de toutes les heures dans la société la plus choisie. M. Lair, le récent historien de Fouquet, a dit de Mme du Plessis-Bellière : « Elle était l'amitié, non pas l'amour. » M. Camille Rousset, rappelant un billet anonyme trouvé dans les papiers de Fouquet lors de son arrestation, observe que l'auteur de cette lettre très passionnée se dérobe aux investigations les plus patientes, puis il ajoute : « Ce n'est certainement pas la marquise du Plessis-Bellière, qui, de même que Madame de Sévigné, son amie, courtisée par Fouquet peut-être, n'a jamais été sa maîtresse. »

Ces affirmations répondent à notre sentiment personnel, et il nous plaît d'être en parfait accord sur un point délicat avec MM. Lair et Camille Rousset. De longue date déjà nous nous étions fait une conviction sur le rôle que remplit Mme du Plessis-Bellière dans l'entourage de Fouquet. C'est un rôle politique accepté par une femme de tête et une amie. La marquise n'est plus jeune; elle a dépassé cinquante ans lorsque Fouquet vient au secours du Roi dans la circonstance dont nous parlons plus haut. En effet, elle mourra centenaire en 1705, ce qui oblige à inscrire sa date de naissance sous le millésime de 1605. Le Surintendant n'a pas cet âge, il s'en faut. Il compte dix ans de moins que son amie. Aussi la marquise consent-elle, le 31 mars 1656, à tenir sur les fonts un enfant de Fouquet. Le titre quasi maternel qu'elle accepte en devenant la marraine de la petite Marie Fouquet laisse présumer de sa part d'affectueuses relations avec la femme du Surintendant.

Mais le motif principal de l'accusation portée contre la marquise, c'est la dot de sa fille qu'elle dut à la générosité de Fouquet. Catherine de Rougé du Plessis-Bellière épousa François de Bonne de Créqui, tour à tour général des galères et maréchal de France. Or, la veille de son mariage, elle reçut en dot 200,000 livres que lui offrit le Surintendant. Cette générosité de la part d'un homme dont le faste eut toujours pour objet une action noble n'a rien qui surprenne. N'oublions pas que Fouquet avait une fortune personnelle considérable. Il était millionnaire avant d'entrer aux affaires. Sa charge de procureur général, celle de Surintendant ne furent point honorifiques. La libéralité de Fouquet à l'égard de la jeune Catherine de Rougé est un cadeau de grand seigneur et d'ami. Lui reprocher cet acte, c'est le blâmer d'avoir si royalement agi envers La Fontaine, Félibien, Puget, Pellisson, Le Brun, Girardon, Molière, Poussin, Bertinet, Israël Silvestre, La Quintinie, Lepautre, c'est-à-dire les gens de lettres, les poètes et les artistes de son époque. Ne pouvait-il donc honorer de ses largesses le nom, la jeunesse et l'amitié ?

Cependant le grief de la postérité contre Mme du Plessis-Bellière n'a pas d'autre base que la jalousie provoquée par cette dot de 200,000 livres. Aucune pièce authentique ne permet d'étayer une accusation contre la marquise. Je sais bien que M. Chéruel, faisant allusion au billet anonyme découvert chez Fouquet, est moins affirmatif que MM. Lair et Camille Rousset relativement à l'auteur de ces lignes enflammées. Toutefois, s'il ne se refuse pas à les attribuer à Mme du Plessis-Bellière, il a soin de nous faire part de ses doutes, de son hésitation. Somme toute, il n'émet qu'une opinion gratuite et personnelle. Walkenaër a mis au jour une lettre de Mme du Plessis relative à Mlle de La Vallière, mais ce factum provient d'un libelle paru seulement en 1789, *La Bastille dévoilée*, et l'honnête historien de La Fontaine ajoute aussitôt que cette pièce « soi-disant trouvée chez Fouquet lui a paru supposée ». Lorsqu'on se reporte à l'acharnement sauvage que les ennemis du Surintendant ont mis à tout saisir en 1661 dans ses habitations de Vaux, de Saint-Mandé, de Paris, il serait bien étrange que des écrits compromettants eussent échappé à leurs recherches et fussent demeurés secrets jusqu'en 1789. M. Walkenaër a raison de ne pas attacher de crédit à *La Bastille dévoilée*, en ce qui touche Fouquet. M. Taschereau, dans son *Histoire de Molière*, se montre cruel à l'égard de Mme du Plessis-Bellière, et M. Taschereau s'appuie sur une page citée par Conrart. Celui-ci du moins est un contemporain de sa victime. Mais M. Chéruel, dans ses *Mémoires sur la vie de Fouquet*, nous avertit de nous méfier. « Si les pièces transcrites par Conrart et Vallant, écrit M. Chéruel, ne sont pas de pure invention, le texte en a été défiguré. » Que pèsent, dans ces conditions, les témoignages portés contre la marquise du Plessis-Bellière ? Un billet anonyme est la source d'un procès de tendance qui se poursuit et se ravive à l'aide de pièces apocryphes ou falsifiées.

Revenons donc à la conclusion de M. Lair sur la marquise : « Elle était l'amitié, non pas l'amour. »

Louis XIV confirme cette opinion. La rigueur exceptionnelle avec laquelle on en usa vis-à-vis de Mme du Plessis-Bellière dès l'arrestation de Fouquet, prouve qu'on se savait en face d'une femme dévouée, mue par un sentiment plus désintéressé, plus froid, partant plus redoutable que ne saurait l'être la passion. La passion s'affole, l'amitié raisonne. Aussi la marquise fut-elle immédiatement exilée à Montbrison, pendant que des fouilles minutieuses étaient pratiquées dans sa résidence de Charenton. Mme du Plessis-Bellière subit d'ailleurs le sort de Mme Fouquet et des frères du Surintendant exilés dans les directions les plus diverses. Elle fut traitée comme les gens de la maison.

Nous la comparions tout à l'heure à Gourville. Ce rapprochement n'est pas sans justesse durant les années de fortune de Fouquet. Au lendemain de la condamnation de l'homme d'État, c'est à La Fontaine, à Pellisson, à Le Brun, à d'Ormesson, à Mme de Sévigné qu'il convient de comparer Mme du Plessis. Elle se mêle à leur groupe. Comme eux, elle garde avec fermeté, avec ardeur, la mémoire du bienfaiteur et de l'ami. C'est le front haut qu'elle le défend. Une pareille attitude indique assez que rien dans le passé ne l'inquiète, qu'elle n'a pas à craindre la médisance d'un monde trop disposé à remuer les cendres du foyer voisin, à scruter le secret des jours de jeunesse et de splendeur. Elle sait que nul ne se méprendra sur le caractère de son attachement à l'égard du prisonnier de Pignerol, que la pitié publique a surnommé « l'illustre malheureux ».

D'ailleurs nous ne sommes pas tout à fait dépourvus de renseignements sur Mme du Plessis-Bellière. Des Mémoires écrits de son vivant et demeurés inédits jusqu'en 1889, c'est-à-dire jusqu'à hier, nous permettent de pénétrer chez elle, à Charenton, et de dire quels étaient ses occupations et ses goûts à l'époque de ses rapports suivis avec Fouquet.

Claude Nivelon, peintre ignoré, mais disciple attentif de Le Brun, a raconté la vie de son maître dans un manuscrit fort étendu. Le Brun, peintre de Fouquet, avant d'être aux ordres du Roi, fut invité par Mme du Plessis à doter sa galerie de divers tableaux, à faire son portrait et, en fin de compte, à décorer les murs de sa demeure. Ces travaux furent exécutés entre 1654 et 1660.

Vous êtes bien de mon avis? Je ne sais rien de plus révélateur qu'un livre ou un tableau. Le « dis-moi qui tu hantes » est plus vrai lorsqu'il s'agit d'une bibliothèque privée, d'un cabinet de peintures ou de dessins que si on l'applique aux personnes. Car il ne dépend pas de chacun de ne hanter que des hommes de son choix. Les relations sociales, des devoirs professionnels, le hasard des circonstances font le milieu. Telles personnes que nous ne songions pas à rechercher s'attachent à nous et nous poursuivent. Il n'en est pas de même du livre. On s'informe, avant de l'acquérir, de ce qu'il renferme, de l'auteur, du format, de l'aspect, du prix. On ouvre le journal, les revues en vogue; on consulte le bulletin bibliographique afin de voir si le livre convoité sera l'objet d'un éloge autorisé. Advient-il, par exemple, que M. Camille Rousset, l'historien de Louvois, consacre cinquante pages à l'analyse du livre de M. Lair sur Nicolas Fouquet, l'hésitation n'est plus possible et l'histoire du Surintendant a sa place sur le rayon préféré de la bibliothèque des hommes d'étude.

Mais, je l'accorde, on peut tenir caché son livre de chevet et dérouter ainsi l'observateur qui s'apprête à surprendre nos aspirations ou nos penchants. Au reste, le meilleur livre est un tableau fermé ; la peinture, au contraire, est une page ouverte, inévitable, lisible à toute heure, dénonciatrice au premier chef. On ne cache pas un tableau ; on l'expose au plein jour. Aussi je ne voudrais pas me prononcer sur la tendance d'esprit d'un bibliophile en puisant au hasard dans ses vitrines, tandis que les toiles d'une galerie trahissent sans rémission l'amateur qui les a rassemblées. Son goût, ses préférences, sa valeur morale, tout son être se révèle dans les œuvres peintes dont il s'est entouré, sur lesquelles son regard se fixe à tout instant.

Le cabinet de Mme du Plessis-Bellière renfermait, vers 1658, un tableau de Le Brun qui décida de la fortune du peintre. Il représentait le *Christ au Jardin des Oliviers* ou, comme on disait alors, la *Prière au Jardin*. Fouquet se prit un jour à faire l'éloge de Le Brun devant Mazarin. Le cardinal voulut voir un spécimen du talent de l'artiste. Et celui-ci pria la marquise de permettre que sa toile la *Prière au Jardin* fût portée chez le premier ministre. Mme du Plessis y consent. Mazarin trouve la peinture à sa convenance et, sans y mettre plus de façon, il ordonne qu'on la place dans la ruelle de son lit. Voilà Le Brun tenu de recommencer sa composition pour la marquise.

A peine la copie est-elle portée à Charenton que Mazarin, se trouvant en conversation avec Anne d'Autriche, vante le mérite de l'artiste aux ordres de Fouquet. A son tour, la reine mère demande à juger par ses yeux des ouvrages du peintre. Le cardinal, comme la fourmi de la fable, n'est pas prêteur. La pensée ne lui viendra donc point de se dessaisir d'un tableau qui ne lui a coûté que la peine de se l'approprier. Il avise Le Brun des bonnes dispositions de la reine. Anne d'Autriche est prête à le recevoir. Mais il devra se munir de l'une de ses peintures. Et Le Brun de courir à Charenton d'où il rapporte la *Prière au Jardin* qui, cette fois, prendra place dans l'oratoire de la reine mère. La marquise du Plessis-Bellière en est pour son obligeance. Mazarin doit rire sous cape.

Rassurons-nous. Le Brun peut s'y reprendre, n'est-il pas le peintre attitré de la marquise ? On le voit en effet interrompre de temps à autre ses grandes décorations de Vaux-le-Vicomte et de Saint-Mandé pour travailler à Charenton. Certes, ses tâches sont diverses.

Fouquet est dans l'ivresse du succès; il s'abandonne aux rêves d'une ambition sans bornes. Ce qu'il exige de son peintre, ce sont des allégories, des scènes mythologiques, des emblèmes de puissance, de grâce et de volupté. Ici, c'est le *Triomphe de la Fidélité*, l'*Apothéose d'Hercule, Cérès, Jupiter, Mercure et Mars;* plus loin, *Diane descend de l'Olympe,* la *Vérité,* le *Secret,* le *Sommeil,* et leurs symboles ingénieux se prêtent, sous le pinceau fertile de Le Brun, à des compositions frivoles où l'adulation des clients de Fouquet trouve un aliment à l'éloge du fastueux ministre. Dans sa résidence de Saint-Mandé, le Surintendant demande à Le Brun de raconter, à l'aide des emblèmes les mieux faits pour flatter son orgueil, le *Lever du Soleil,* c'est-à-dire l'aurore d'une existence princière, quasi royale; les premiers pas dans une carrière illustre et radieuse de l'homme supérieur que la fortune accompagne et que les revers ne sauraient atteindre...

Autres sont les peintures dont Mme du Plessis-Bellière aime à s'entourer. Entrons dans l'oratoire du château de Charenton. Il est entièrement décoré par Le Brun. Les sujets traités sur les parois remplissent trois zones horizontales. La partie supérieure comprend un *Christ à genoux dans le désert, Saint Joseph en méditation, Sainte Anne en prières,* le *Repentir de saint Pierre, Sainte Marie-Madeleine dans le désert.* Dans la zone intermédiaire, l'artiste achève de peindre *Saint Paul, Saint Antoine, Saint Jérôme, Sainte Marie l'Égyptienne.* Dans la zone inférieure Le Brun s'apprête à grouper huit chefs ou réformateurs d'ordres religieux, depuis saint Benoît jusqu'à sainte Thérèse et à sainte Catherine de Sienne. Voilà pour l'oratoire. Mais la piété de la châtelaine n'est pas satisfaite, et le peintre de Fouquet compose encore pour Mme du Plessis, c'est Nivelon qui parle : « une Tête de Christ, sur lapis, rappelant les Saintes Faces, communément appelées « Voile de Véronique », pour l'exécution de laquelle Le Brun s'inspirera des traits « de l'un de ses meilleurs amis, le sieur Valdor ». Enfin la marquise, née Suzanne de Bruc, demande à Le Brun de peindre pour sa galerie la *Protection de sainte Suzanne dans sa prison.*

Nous en savons assez pour constater combien la demeure de Mme du Plessis-Bellière formait un singulier contraste avec les somptueux châteaux du Surintendant. Fouquet, homme de plaisir, ne

demande à son peintre que des images souriantes, de vaines apothéoses.
Son amie, « faisant ses plus chères occupations de la retraite du monde
après la mort de Monsieur son époux », c'est un mot de Nivelon,
s'entoure de tableaux sévères, capables de maintenir son esprit dans le
recueillement qui sied à son deuil. C'est ainsi, pour le dire en pas-
sant, que les caractères d'une grande époque se dessinent fortuitement
à mesure que l'histoire poursuit son œuvre. Un chroniqueur sans
renommée éclaire d'un jour imprévu l'attachante physionomie d'une
femme qui s'est honorée par l'ardeur de son dévouement à la cause
d'un homme en disgrâce. Le malheur a peu de courtisans !

Que sont devenues les peintures de Charenton ? Le temps les a
dispersées, sinon détruites. Une seule toile fait exception : c'est le
portrait de Mme du Plessis qu'il nous a été donné de retrouver.

Elle porte le costume de la reine d'Halicarnasse, Artémise II, veuve
de Mausole, à jamais célèbre par le culte dont elle entoura la mémoire
de son mari. La marquise, au lendemain de la mort tragique du
général sur le rivage de Castellamare, voulut que le peintre fît allusion à son veuvage, et Le Brun l'a représentée assise, les yeux en larmes, les mains croisées sur une urne d'or délicatement ciselée, telle que
les anciens les voulaient choisir pour enfermer les cendres de leurs
morts. L'abattement de cette jeune veuve impose. Artémise tient le
regard dirigé vers le ciel. Elle est vêtue d'une robe bleue que recouvre
une sorte de tunique de couleur orange doublée de vert. Sur ses tem-
pes un diadème orné de perles et de brillants. Sa chevelure blonde,
dénouée, se répand sur ses épaules, sur ses mains et sur l'urne
funéraire qui lui sert d'appui. Les bras et le cou sont nus ; les pieds
sont chaussés de sandales. L'attitude abandonnée du personnage et
l'expression des traits trahissent une profonde douleur. Sur les dalles
une couronne de lauriers. Au fond l'entrée d'une galerie. Derrière
Artémise une colonne à laquelle est fixée une tenture monochrome
qui se déroule en plis opulents sur le fond. Au premier plan, un
Amour éploré, nu, debout, nonchalamment accoudé sur les genoux
de la reine d'Halicarnasse, foule aux pieds la couronne inutile de
Mausole et tient d'une main distraite son flambeau renversé au-dessus
des pièces éparses de l'armure du roi, l'épée, le casque et le bou-
clier.

Cette page historique est précieuse à plus d'un titre. Elle est une

des rares peintures de Le Brun exécutées avant 1660 et permettant
de le surprendre dans sa première manière. Le petit Amour, très
monté de tons, très moelleux, est fait pour troubler la critique. Cette
figure révèle des tendances flamandes. N'en soyons pas étonné. Le
Brun, durant cette période où il n'est pas encore aux ordres du Roi-
Soleil, emprunte volontiers aux Flamands. L'*Intérieur de la famille
Jabach*, l'une des œuvres qui fait le plus d'honneur au peintre et que
l'on peut voir au musée de Berlin, est un tableau demi-flamand. Cet
ouvrage date précisément de l'époque à laquelle l'artiste fit le portrait de Mme du Plessis-Bellière.

Quel est le possesseur de cette œuvre rare ? Je vais le dire. Je me
trouvais, voilà tantôt quinze ans, en villégiature chez des amis fixés
en Bourgogne. Un certain jour, nous tombâmes d'accord d'aller voir
le château de Bussy-Rabutin. Le propriétaire de ce domaine, le
comte Félix de Sarcus, était l'homme affable et distingué par excel-
lence. Mes amis savaient d'avance qu'ils seraient parfaitement
accueillis. Or, le château, ses collections diverses, sa tour dorée, sa
chapelle ne m'étaient pas connus.

Nous partons en break. Au bout de quelques heures de voyage par
une tiède matinée de septembre, nous découvrons l'ancienne demeure
où par deux fois Roger de Rabutin, frappé d'une sentence d'exil,
dut se retirer sur l'ordre de Louis XIV. « Le château, a écrit Jean-
Baptiste César, comte de Sarcus, père du comte Félix, est au haut
et à droite de la rue à laquelle il donne son nom, à mi-côte, en face
et à près d'un quart de lieue de l'église, qui lui fait point de vue
ainsi que toute la rue de la Montagne. Il est élevé sur un
parallélogramme entouré de larges fossés d'eau douce et il est
flanqué de quatre grosses tours saillantes, placées aux angles du
parallélogramme, et marquant les quatre points cardinaux. La tour
du levant était le donjon ; elle est voûtée à tous les étages ; on y
monte par un escalier tournant en pierre dont l'entrée est sous la
galerie. La tour du midi est la chapelle ; celle de l'ouest est appelée
Tour dorée. » (1)

(1) Voyez *Notice historique et descriptive sur le château de Bussy-Rabutin*,
par M. le comte de Sarcus (Dijon, E. Tricault, 1854, in-8°, p. 17-18). L'auteur de ce volume, Jean-Baptiste César, comte de Sarcus, né à Mayenne, le
1er juin 1787, est mort le 22 novembre 1875 et a été inhumé à Bussy. Entré dans

On nous conduisit au salon, où nous reçut Mme la comtesse de
Sarcus entourée de plusieurs châtelaines des environs, ses amies.
Le comte Félix ne tarda pas à paraître. Son sourire aimable était
une promesse. A peine se fut-il assuré que j'étais étranger à la contrée,
qu'il offrit de me faire visiter le château dans tous ses détails. Vieilli
avant l'âge, le comte Félix souffrait déjà du mal qui allait l'emporter
peu de temps après. Son pas était pénible et lent. N'importe, il ne
permit pas qu'on le suppléât. Il voulut faire lui-même les honneurs
de sa galerie. (1)

Mon lecteur n'attend pas que je décrive ici, même sommairement,
les nombreuses toiles rassemblées à Bussy depuis deux siècles par des
amateurs éclairés. Je m'interdis de parler des peintures commandées
par l'auteur de l'*Histoire amoureuse des Gaules* et placées dans la Tour
dorée. Quelque envie que j'en aie, je ne transcrirai pas même un des
distiques dont Roger de Rabutin, dans sa jactance et sa cruauté, a
pris soin d'accompagner les portraits de femmes célèbres de son
époque. Artémise m'attend, et son attitude douloureuse stimule ma
pitié. En face de cette reine accablée, nous faisons halte. Chacun de
nous signale à l'envi l'ampleur de la composition, le choix des détails,
le dessin, le coloris. Mais l'interprète le plus sûr des mérites de l'ouvrage, c'est notre hôte, le comte Félix. Nommer Le Brun devant
cette page attachante est chose aisée. Sur ce point, pas d'hésitation.
Mais le personnage représenté, quel est-il ? Aucun de nous ne le peut

les chevau-légers de la garde de Louis XVIII à la formation de la compagnie, il
reçut un brevet de capitaine de cavalerie le 14 février 1815 et, le 13 décembre
de la même année, il fut nommé à un emploi de capitaine dans le régiment de
chasseurs de la Côte-d'Or. Il conserva ses fonctions jusqu'à la fin de 1820.
Le 16 décembre 1817, il avait épousé Benigne-Victoire Espiard de Mâcon,
veuve de Louis-Joseph Moussier et fille d'un ancien colonel de cavalerie.

(1) Félix-Hyacinthe, vicomte, puis comte de Sarcus, l'aîné des fils du comte
Jean-Baptiste-César est né à Dijon, le 21 octobre 1818. Il est décédé dans la
même ville le 9 janvier 1887, et a été inhumé à Bussy. Capitaine au 10e régiment de dragons par promotion du 11 novembre 1848, il remplit les fonctions
d'adjudant-major à dater du mois d'août 1849 et donna sa démission à l'époque
de son mariage avec Claire-Marie-Renée de Mayrot (16 octobre 1856.) On ne
lira pas sans intérêt la *Notice sur le comte Félix-Hyacinthe de Sarcus* (Dijon,
Durantière, 1888, in-8°) lue à l'Académie des Sciences, Arts, et Belles-Lettres
de Dijon, le 28 mars 1888, par M. Henry de Fontenay élu membre de cette Académie en remplacement du comte de Sarcus. M. de Fontenay a tracé dans cette
Notice un portrait achevé de l'homme éminent et modeste auquel il succédait.

dire. Évidemment nous sommes en présence d'un portrait « composé ». Ce n'est point la femme de Mausole qúi tout à coup a séduit l'esprit du maître et tenté son pinceau. Le Brun, cela ne fait pas doute, a célébré le deuil conjugal d'une dame de son temps en la drapant dans les longs vêtements de la reine d'Halicarnasse, la grande veuve dorienne. Quelle est cette femme?

Claude Nivelon était seul en mesure de répondre à notre interrogation. Le digne homme n'a pas négligé de le faire. De la meilleure grâce du monde, il m'apprit un jour, il y a de cela peu d'années, que Mme du Plessis-Bellière devenue veuve, en proie à une douleur profonde, avait voulu posséder son portrait en Artémise! Et l'élève de Le Brun revient à diverses reprises sur l'ouvrage de son maître représentant la marquise abîmée dans son deuil inoubliable. Les détails sont précis. L'histoire du tableau conservé au château de Bussy se trouvait donc reconstituée. Désormais le personnage anonyme dont l'image nous avait charmés avait un nom; il convenait de l'appeler Suzanne de Bruc, veuve du général Jacques de Rougé, marquis du Plessis-Bellière.

Tout heureux de ma découverte, j'en informai le comte de Sarcus en lui demandant de permettre que l'œuvre exquise dont il était le possesseur fût gravée. Quand ma lettre parvint à Bussy, en janvier 1887, le comte Félix allait mourir. Ses dernières heures étaient comptées. On lui fit part de ma demande. Le sourire de l'amateur, de l'homme de goût, du chercheur éclaira son visage. Il invita ses proches à ne pas repousser ma requête, et peu après il ferma les yeux.

A quelques temps de là, Mme la comtesse de Sarcus me confiait gracieusement le tableau dont on trouve ici la reproduction. Avec une bonne grâce exquise, Mme de Sarcus voulut bien me dire qu'en accédant à mon désir, elle ne faisait qu'obéir aux dernières volontés du comte Félix.

Mon lecteur connaît maintenant la genèse du portrait curieux de Mme du Plessis-Bellière par Charles Le Brun. Mais les pages qui précèdent renferment, ce me semble, un portrait moral de l'amie de Fouquet. Cette femme dont la demeure est ornée de peintures sévères, qui se plaît à la contemplation des effigies d'ascètes, de cénobites et de saintes, n'a pas été la personne mondaine et sans scrupules dont parle la légende. Des œuvres d'art commandées par la marquise, une seule nous est connue, et cette page est encore une réfutation de la calomnie dont on charge sa mémoire. Cette toile atteste la piété conjugale de Mme du Plessis. Nivelon, d'autre part, d'accord avec ce témoignage, ne dit-il pas que la veuve du général tué au service du duc de Guise, demeura fidèle au souvenir de son mari et vécut dans la solitude après l'événement de Castellamare? Enfin, les historiens de Fouquet se sont tous inclinés devant l'énergie que la marquise mit à défendre, au péril de son propre repos, le prisonnier de la citadelle de Pignerol.

Ne demandons pas plus. Ce sont là des titres.

HENRY JOUIN.

TYPOGRAPHIE

EDMOND MONNOYER

LE MANS (Sarthe)

L'ARTISTE

REVUE DE PARIS

HISTOIRE DE L'ART CONTEMPORAIN

(61ᵉ ANNÉE)

Paraissant tous les mois en un volume in-8° accompagné de gravures et d'eaux-fortes

44, Quai des Orfèvres. — Paris

PRIX DE LA SOUSCRIPTION A *L'ARTISTE* :

Paris . . . . Un an, 50 francs.

Départements . . . . Un an, 52 francs.

Étranger (union postale) . . . Un an, 55 francs.

PRIX DE LA LIVRAISON : 5 FRANCS

Il est tiré un très petit nombre d'exemplaires sur papier de Hollande de Van Gelder au ornés d'une double suite des gravures : 1° avant la lettre sur papier de Chine; 2° avec lettre sur papier de Hollande. Le prix d'abonnement à cette édition est de 100 FRANCS PAR pour les Départements et l'Étranger, le port en sus.

LE MANS. — IMPRIMERIE EDMOND MONNOYER